MÉMOIRE

DE LA

FAMILLE DE LAVAULT

PAR

Henri AUBUGEOIS DE LA VILLE DU BOST

Correspondant du *Dictionnaire des Familles du Poitou*

POITIERS
TYPOGRAPHIE OUDIN & Cⁱᵉ
4, RUE DE L'ÉPERON, 4

1894

MÉMOIRE

DE LA

FAMILLE DE LAVAULT

PAR

Henri AUBUGEOIS DE LA VILLE DU BOST

Correspondant du *Dictionnaire des Familles du Poitou*

POITIERS

TYPOGRAPHIE OUDIN & Cie

4, RUE DE L'ÉPERON, 4

—

1894

EXPOSÉ

Nomen patrum ad filium pertinet.

Depuis les temps les plus reculés de l'histoire, un fils a eu le droit de porter le nom de son père et de ses ancêtres. C'est donc, de nos jours, pour consacrer ce droit que l'article 57 du Code civil exige, dans l'acte de naissance, l'énonciation des noms des père et mère de l'enfant.

Or, en rapprochant l'acte de naissance de M. Benjamin Delavault, l'un des requérants, de celui de son père, on est frappé, avec étonnement, par la différence d'orthographe qui a pour effet de priver le fils de celle de son père. Il est inscrit *Delavault*, au lieu de *de Lavault de Souché*, comme le porte l'acte de naissance de son père, en date, à Niort, du 22 août 1782. Aussi, animé du désir de voir réparer l'omission commise dans son acte de naissance et n'ayant qu'une prétention, celle bien légitime, de faire rendre à son nom son orthographe primitive et véritable ; abandonnant, en outre, toute idée de faire revivre le nom terrien de *Souché* (lequel, dans l'espèce, ne servit, autrefois, qu'à la distinction des branches entre elles), mais, toutefois, ayant recours à l'article 855 du Code de procédure civile ;

Le requérant a l'honneur de présenter à M. le Président du tribunal de première instance de Niort la demande en rectification suivante :

1. De son acte de naissance, du 10 janvier 1821 ;
2. De son acte de mariage, du 18 août 1862 ;
3. De l'acte de naissance de son fils, du 5 juin 1863.

Priant d'accorder ladite rectification, en ce sens, que le nom incorrectement écrit : *Delavault*, en un seul mot, sera rétabli en deux mots : *de Lavault*, dans son orthographe véritable.

Nous donnons donc, à l'appui de cette demande, pour en faire ressortir tous les droits, la généalogie dressée sur l'état civil et documentée avec les preuves authentiques dont nous faisons suivre ce mémoire.

GÉNÉALOGIE

(FILIATION SUIVIE)

I. — LAVAULT (de) Pierre.

QUATRIÈME AÏEUL.

Marchand protestant de Niort. Comme chef de famille, il prit part aux réunions de cette ville de 1661, 1680 (1), où il signe, comme dans tous autres actes, *P. de Lavault*.

De son mariage avec Jeanne *Chassereau*, également protestante, sont nés :

1. Jacques, né vers 1654; marié, le 29 octobre 1679 (2), à Marthe Jouslain. L'acte est signé par le père et le fils, en deux mots : *de Lavault*, ainsi que par le frère du marié, Michel, qui suit. Relevons, encore, que Pierre, précité, signe l'acte de décès de sa tante, Jeanne Méry, en 1679 : *P. de Lavault* (3) ;

2. *Michel*, qui suit ;

3. Louise, née le 10 mars 1669 (5); son père signe toujours à l'acte « *P. de Lavault* » ;

4. Pierre, né le 4 avril 1673 (4) ; son père signe l'acte « *P. de Lavault* » ;

---

(1) Poitiers, bibliothèque de la ville, manuscrits de dom Fonteneau. T. 37, p. 106, 187.
(2) Niort, greffe, état civil protestant. V. Dossier A. I.
(3) Ibidem. (Voir pièces justificatives, dossier A. I.)
(4) Niort, état civil protestant, greffe.
(5) Ibidem (Voir dossier A. I.)

II. — LAVAULT (DE) MICHEL.

TROISIÈME AÏEUL.

Né vers 1656. Il eut beaucoup à souffrir, comme protestant, des persécutions de la Révocation de l'édit de Nantes. Son abjuration, elle-même, fut impuissante pour désarmer les soupçons et les violences du subdélégué Augier de la Terraudière. Maboul, dans son rapport, marqua son nom d'une croix rouge ; il fut dénoncé en tête des mauvais convertis de Niort, à l'Intendant, en ces termes, en 1699 :

« Michel *Lavault*, gros marchand de bled, de vin et deaudevie, très
« osbtiné a perverty sa femme et sa sœur, et le sieur Broleau son beau-
« père est prisonnier par l'ordre de M. le maréchal *Destrées* (1) ».

Il ressort de cette pièce que l'orthographe *Lavault* est mise par abréviation, comme l'orthographe *Terraudière*, ainsi que signe le susdit délégué, en est une autre également, puisque le premier nom est, *de Lavault*, et le second, *Augier de la Terraudière*. L'implication de la particule, sous-entendue, est suffisamment démontrée. Nous trouvons la justification de cette opinion, le 5 janvier 1744, au décès de Marie Broleau dite : « veuve de Michel *de Lavau* (2) », comme le porte l'acte.

Il avait épousé, le 24 janvier 1689, Marie *Broleau* et, dans son acte de mariage, il est enregistré et signe, comme signait son père, en deux mots : *de Lavault* (3).

A défaut de son acte de décès, nous pouvons encore invoquer en faveur de la séparation de son nom le manuscrit de d'Hozier, volume Poitou, déposé à la bibliothèque nationale. A la page 506 de l'enregistrement des armes, conformément à l'édit 1696, il y figure, à l'article 370 où son nom est ainsi libellé : *Michel de la Vault, marchand* (4).

Cette variante d'orthographe du nom, loin de l'altérer, est plus grammaticale et plus conforme à son origine terrienne. Vallée ou Vaux,

---

(1) Poitiers, archives départementales C. 53.
(2) Niort, état civil ancien. (V. p. justificatives, dossier B. II.)
(3) Niort, état civil ancien, dossier B. II.
(4) Paris, bibl. nationale, d'Hozier mss.

dérivent bien du latin *Vallis*. *Lavau*, commune de Breloux, et *Lavault*, commune de Saint-Martin-les-Melles, pour ne citer que ceux-ci, les plus rapprochés de Niort, y ont emprunté leurs noms.

De Michel de Lavault et de Marie *Broleau* ou *Brolleau*, sont nés :

1. Jean, né le 19 décembre 1689, enregistré, signant, comme son père : « *de Lavault* » (1) ;
2. *Michel*, qui suit ;
3. Marie Renée, née le 17 avril 1700, enregistrée, signant, comme son père : « *de Lavault* » (2).

III. — LAVAULT (DE) MICHEL.

DEUXIÈME AÏEUL

Enregistré, tel, dans son acte de naissance, du 24 septembre 1691, signé, par son père, *de Lavault* (3). Le 13 novembre 1719, il épousa Madeleine Elizabeth *Piet* ; et conformément, à son acte de naissance, enregistré en deux mots : *de Lavault* (4), comme dans la suite nous le verrons, furent inscrits ses enfants. On remarquera, toutefois, que, cédant à une habitude assez répandue à son époque, il signa, comme tant d'autres, son nom en un seul mot. Cette innovation, absolument contraire aux signatures de ses pères, à son acte de naissance, lui-même, ne porta pas atteinte à la possession de son nom en deux mots. Le maréchal d'Estrée ne signait-il pas *Destrée* ; le fameux de Louvois, *Delouvois* ; de Labourdonnaie, *Delabourdonnaie* ; le chancelier d'Aguesseau, plus tard, *Daguesseau*, sans préjudice à leurs noms ?? Nous ferions les mêmes observations, pour tant de familles d'un rang moins élevé, mais cependant distingué. Quoi qu'il en soit, cette nouvelle signature, à son mariage, occasionna plusieurs particularités ; son frère, Jean, resta

---

(1) Niort, état civil ancien, dossier B. II.
(2) Ibidem.
(3) Niort, état civil ancien, dossier C. III.
(4) Ibidem.

fidèle à l'orthographe de sa naissance, à la séparation de son nom et signa : *de Lavault*; Michel fut inscrit, en un seul mot, dans son acte de décès, et plus tard sa veuve fut portée, le 11 septembre 1754, dans son acte de décès, simplement « veuve de Michel Laveau (1) ». Nouvelle orthographe, imposée, à la naissance de son fils, aïeul du requérant, comme nous le verrons : *de Laveau*.

En jetant, maintenant, les yeux sur les actes indépendants de l'état civil, nous constatons, chez eux, une constance absolue à l'orthographe en deux mots, dictée par les actes de naissance et autres et par les signatures *de Lavault* des aïeux, avec cette addition de sieur *du Fief*, que portait Michel de Lavault et qui se rencontre en plusieurs endroits de l'état civil.

Passons à l'énumération chronologique de ces actes :

Le 4 août 1731, c'est un amortissement de rente en sa faveur où il est inscrit: *de Lavault* (2); le 17 janvier 1748, une ordonnance de la cour de Niort constituant René Papineau, procureur dudit *Michel de Lavault* (3) demandeur, contre Jeanne Boisnard ; le 29 novembre 1749 (4), conclusion dudit Michel *de Lavault sieur du Fief* contre Jeanne Rivière, dont l'inventaire fut fourni, en 1759, par ledit *de Lavault* aux officiers du siège royal de Niort ; en 1753, une transaction passée entre Jeanne Garnier et Michel *de Lavault* (5), complétée par un rapport du conseiller Babinet, du Présidial de Poitiers, du 28 novembre 1772, « qui « conclut en disant que Mlle Garnier et M. *de Lavau* feront bien de s'en « tenir à la présente décision ».

Mentionnons, enfin, l'ordonnance du 30 juin 1753 renvoyant, devant le bureau des finances de Poitiers l'instance pendante, à Niort, entre « Michel *de la Vau* et Léonard Breffort (6) ».

Enfin, Michel de Lavault mourut à Niort, le 16 mai 1766, négociant, ancien juge des marchands, ancien échevin de Niort, et fut inhumé dans

---

(1) Niort, état civil ancien. (Voir pièces justificatives, dossier C. III.)
(2) Minutes de Grugnet, notaire à Niort, dossier C. III.
(3) Greffe du siège royal de Niort, dossier C. III.
(4) Ibidem.
(5) Sous-seing, délibération et rapport. (Voir dossier C. III.)
(6) Archives départementales de la Vienne C. 359, dossier C. III.

l'église Notre-Dame, « sous les cloches sépulture des *Piet* (1) », laissant pour enfants :

1. Michel Noël, né le 28 septembre 1720 ; inscrit, *de Lavault* (2), en deux mots, ainsi que l'indique le crochet de la Lettre L qui, dans l'exemple, détermine la Majuscule *L*. C'est ainsi que l'a interprété Louis XV, par ses lettres, données à Versailles, le 2 avril 1757, en octroyant : « à son amé Michel Noël *de la Vault* (3), l'office de con-
« seiller receveur, contrôleur des consignations de Niort », interprétation, encore plus frappante, donnée par l'enregistrement desdites lettres accordées « audit *de La-*
« *vault* (4), *âgé d'au moins vingt-cinq ans, vu son acte baptistaire* ».

Le tout fait à Poitiers, signé : « Dynsay » pour Aubineau d'Insay, son véritable nom.

Noël Michel se qualifie, dans les actes, de seigneur de Saint-Vaize, Souché, etc., etc.

2. Jean Etienne, né le 29 décembre 1721, enregistré : *de Lavau* (5), mort à Souché, le 18 juillet 1783, prêtre prieur curé d'Amuré, seigneur de la Moujatterie et autres lieux, également inscrit dans cet acte « *de Lavault* » (6).

3. Etienne André, né le 22 mars 1723, enregistré « *de Lavault* ». Mort, ancien chanoine de Saint-Hilaire de Poitiers et prêtre habitué de Niort, le 26 vendémiaire an XII.

4. Marie Elizabeth Gabrielle, née le 11 septembre 1724, enregistrée « *de Lavault* » (7).

5. Autre Michel, dit le jeune, né le 27 septembre 1728 ; enregistré « *de Lavau* » (8) dans son acte de naissance et « *de Lavault* » (9) dans celui de son mariage, du 27 juillet 1757, avec Louise Scolastique Chauvegrain, fille de René, juge à Niort, et de Françoise Elizabeth Boutheron. Mariage célébré en présence du sieur « Michel *de La-*
« *vault*, son père, de Michel *de Lavault*, son frère aîné, d'Etienne-André *de Lavault*,
« prêtre, de Louis *de Lavault* (aïeul du requérant) et de ses sœurs », tous et toutes
« inscrits : *de Lavault* » (10).

A la table, on lit : Michel *de Lavault* (11) « et Louise Scolastique Chauvegrain ».

---

(1) Niort, état civil ancien. V. dossier C. III.
(2) Ibidem.
(3) Arch. dép. de la Vienne C. 184. Dossier C. III.
(4) Ibidem. (Voir dossier C. III.)
(5) Etat civil ancien, Niort. Dossier C. III.
(6) Ibidem. Souché. Dossier C. III.
(7) Ibidem. Niort. Dossier C. III.
(8) Ibidem. (Voir dossier C. III.)
(9) Niort, état civil ancien. Dossier C. III.
(10) Ibidem.
(11) Ibidem.

Le 21 février 1749, « *Michel de Lavault* (1) assigne devant le subdélégué de l'Inten-« dance, maire de Saint-Maixent, le directeur des biens des fugitifs ».

Il laissa une fille mineure :

Louise Elizabeth, née le 27 octobre 1760, épouse de Gabriel Joseph Grellet des Prades, seigneur de Coutras. Elle signe, le 26 mai 1791, « *de Lavault* », l'état civil de Souché (2).

6. Louis, qui suit.

IV. — LAVEAU (DE), LOUIS.

AÏEUL.

Ainsi enregistré, dans son acte de naissance, du 5 juin 1731, où il est dit « fils de M. Michel *de Laveau dufief* » (3).

En observant les trois actes de l'état civil de sa vie, nous relevons son nom orthographié de trois façons diverses, conséquences fatales, toutes les fois que les scribes du temps s'éloignent de l'orthographe de l'acte de naissance, séculaire et héréditaire, invariablement écrite en deux mots dans la famille *de Lavault*.

Ainsi, depuis l'infraction faite par son père à son propre acte de naissance, Louis, enregistré, dans son acte de naissance, *de Laveau* en deux mots, se voit écrit *Delavault* (4) en un seul mot, dans son acte de mariage, du 16 septembre 1766, avec Marie-Marguerite-Charlotte-Elisabeth *Bernard*, fille de Jean, ancien consul de Niort, et d'Elisabeth Maitreau.

Il signe, alors, « *Delavault Souché* », semblant, ainsi, trouver un biais pour sortir de l'embarras dans lequel le laissent et la mobilité de l'ortho-graphe de son nom et sa double qualification de sieur de *Souché* et aussi celle de fils « du sieur du *Fief* ». Enfin, à son décès, arrivé le 23 mars 1787, on l'enregistre, en s'inspirant, à tort, de son acte de mariage, au lieu de celui de sa naissance, « *Delavault de Souché* » (5). Le mot *de*

---

(1) Archives dép[tes] de la Vienne C. 60. Voir dossier C. III.
(2) Souché, état civil. (V. pièces justificatives, dossier C. III.)
(3) Niort, état civil ancien. Voir dossier D. IV.
(4) Niort, ibidem.
(5) Niort, ibidem.

est rétabli, offrant cette particularité d'être confondu avec le nom dont il doit être séparé, pour être placé devant le nom terrien.

Il était négociant, ancien juge consul de cette ville de Niort, et laissait :

Nicolas-Benjamin-André, qui suit ;

Mais, avant de passer à son sujet, nous ne pouvons omettre le volumineux inventaire, dressé, le 18 juillet 1766 (1), à la mort de Michel, père de Louis de Lavault de Souché, énumérant tous ses enfants et les orthographiant uniformément « de Lavault ». Son fils, Louis, dans cette pièce importante, comme dans l'acte de rétrocession du 14 juin 1783 (2) à son frère, le chanoine de Lavault, d'une terre ; et encore, dans l'acte de partage de ses biens, du 21 mars 1784 (3), est successivement écrit « de Lavault-Souché » et finalement « de la Vault ». En somme, la séparation de son nom est respectée, fidèlement, jusqu'aux années 1790 (4), 1791 (5), 1792 (6), 1793 (7), où, pliant aux préoccupations du temps, l'orthographe du nom s'écrit, tour à tour, *Lavault*, *La Vault*, *Delavaud*.

V. — LAVAULT (DE) NICOLAS-BENJAMIN-ANDRÉ.

PÈRE.

Né le 22 août 1782, enregistré, dans son acte de naissance, « fils de *Louis de Lavault de Souché* » (8) et de Marie-Marguerite-Charlotte-Elisabeth *Bernard* et inscrit à la table du registre : *de Lavault* (9).

---

(1) Minute de Bion, notaire, à Niort (expédition). Dossier D. IV.
(2) Papiers de famille. Dossier D. IV.
(3) Sous-seing. Ibidem.
(4) Contributions de Niort. Ibidem.
(5) Ibidem.
(6) Ibidem.
(7) Ibidem. (V. pièces justificatives, dossiers D. IV et E. V.)
(8) Niort, état civil ancien. Dossier E. V.
(9) Ibidem.

Il épousa, à Bagnères-de-Bigorre, le 18 novembre 1806, Anne-Paule *Demont de la* (ou *de La*) *Valette*.

Dans son acte de mariage, il est bien établi, comme dans son acte de naissance, précité, « *de Lavault* » (1) et, finalement, conséquemment enregistré « *de Lavault* » (2), en deux mots, dans son acte de décès, du 27 octobre 1846. Il fut juge au tribunal de Niort ; dont :

1. Louis-Philibert, né le 31 août 1807, enregistré, à l'état civil et à l'église, « *de Lavault* » (3), comme le fut son père.
Mort célibataire, Vice-Président de préfecture, chevalier de la Légion d'honneur.
2. Alexandre Benjamin, qui suit.

VI. — LAVAULT (DE) ALEXANDRE-BENJAMIN

REQUÉRANT

Né le 12 janvier 1821, et enregistré, contrairement aux actes de naissances de son père et de son frère aîné, *Delavault* (4), en un seul mot ; marié, le 18 août 1862 (5), à Anaïs *Lépiller*, avec le nom écrit en un seul mot, dont un fils :

André-Louis-Auguste, né le 5 juin 1863 (6), enregistré, également, en un seul mot.

Monsieur Benjamin Delavault, ancien Receveur des Contributions indirectes, en retraite, réside à la Guittonnière, par Périgné (Deux-Sèvres).

---

(1) Bagnères-de-Bigorre, état civil et registre paroissial. V. dossier E. V.
(2) Périgné, état civil. V. dossier E. V.
(3) Bagnères-de-Bigorre, état civil. V. dossier E. V.
(4) Etat civil de Niort. V. pièces justificatives, dossier F. VI.
(5) Etat civil de Sainte-Pezenne. Ibidem.
(6) Ibidem.

CONCLUSIONS

Il se dégage de l'examen de cette généalogie dont la plus grande partie des actes ont été puisés à l'état civil :

1° Que cinq générations, en filiation suivie, ont porté jusqu'au père, et même au frère ainé du requérant, inclusivement, le nom orthographié, depuis des siècles, et sans interruption de Lavault, en observant bien, que leurs actes, en grande partie, de naissances, ont été enregistrés en deux mots ;

2° Que cette possession de nom et d'orthographe, primitive et seule correcte, repose sur des preuves irrécusables ; que la séparation de la particule du nom Lavault a été reconnue et enregistrée par d'Hozier, bibliothécaire de Louis XIV, comme étant le nom de « Michel de la Vault, marchand », troisième aïeul du requérant ; ainsi que par Louis XV, dans la suite, dans ses lettres de provisions d'office, de 1757, à Noël-Michel de Lavault, son petit-fils ;

3° Que la particule, opérant la séparation du nom, est absolument grammaticale, dans l'espèce, et est, comme telle, dans la majorité des actes de l'état civil de la famille de Lavault, depuis des siècles, sans avoir véritablement été atteinte par les phases qu'elle dut traverser avant et pendant la Révolution ;

Que c'est uniquement pour porter son nom, tel que le portaient son père et ses ascendants, et non, par un sentiment de vaniteuse prétention, se trouvant honoré, par avance, de compter parmi ses ancêtres, des échevins, des consuls, juges et magistrats de la ville de Niort ;

Par ces motifs, le requérant, persistant dans son désir de voir rendre à son nom l'orthographe sous laquelle fut enregistré son père dans ses actes de mariage et de décès, a l'honneur de demander à M. le Président de vouloir bien reconnaître, tant pour lui que pour son fils, également requérant, que, par erreur ou omission, il a été mal enregistré dans son acte de naissance, dans celui de son mariage et dans l'acte de naissance de son fils, ayant été inscrit *Delavault* au lieu de *de Lavault*, comme l'ont été inscrits son frère ainé, son père et ses ancêtres, pendant cinq générations ;

En conséquence, appliquant, en sa faveur, l'article 857 du Code de procédure civile, ordonne le rétablissement de la particule *de* devant son nom, et ce :

   1° Dans l'acte de sa naissance du 12 janvier 1821 ;
   2° Dans l'acte de son mariage du 18 août 1862 ;
   3° Dans l'acte de naissance de son fils du 5 juin 1863.

Poitiers, 23 octobre 1893.

                        Henri A. de la VILLE du BOST

ARBRE GÉNÉALOGIQUE

DE LA

Famille LAVAULT (de)

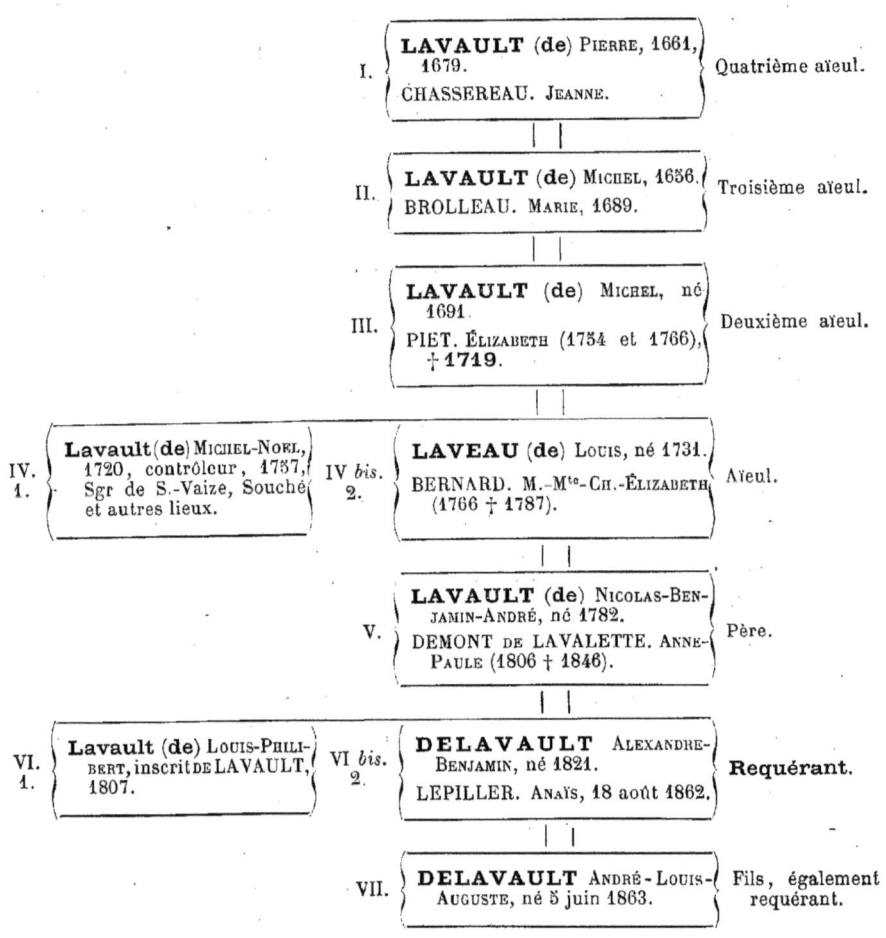

Suit sur ce mémoire, reproduit par Mᵉ Leaud, avoué à Niort, qui a présenté la requête, au nom de MM. *de Lavault*, père et fils, le Tribunal civil de cette ville a rendu un jugement, ainsi conçu :

Audience civile du mardi cinq décembre mil huit cent quatre-vingt-treize.

Ouï la requête et les conclusions qui précèdent ;

Ouï Monsieur Henry, juge, en son rapport, et le magistrat du ministère public en ses conclusions, après en avoir délibéré conformément à la loi ;

Attendu que les demandeurs réclament la rectification des actes de l'état civil qui les concerne ; qu'ils prétendent que leur nom patronymique est de Lavault au lieu de Delavault ;

Attendu que la particule « de » n'est pas une qualification nobiliaire, qu'elle fait même, le plus souvent, partie du nom d'une famille sans titre et n'appartenant pas à la noblesse ;

Attendu que la propriété du nom est imprescriptible ; qu'il s'agit de rechercher si les ancêtres des demandeurs ont, comme ceux-ci l'allèguent, porté publiquement le nom de de Lavault, et s'ils en ont eu la possession et en ont fait l'usage affirmant leur droit ;

Attendu que si on consulte les actes les plus anciens qui ont évidemment en cette matière la plus grande autorité, on voit que, dès seize cent soixante et un, un sieur Pierre Delavault, marchand, était indiqué dans un document public, sous le nom de P. de Lavault ; qu'il signe de Lavault les actes de naissance de son fils Delavault (seize cent soixante-treize) et de sa fille Louise Delavault (seize cent soixante), et de Lavault les actes de mariage de son fils Jacques (seize cent soixante-dix neuf), et de décès d'une tante, seize cent soixante-dix neuf ;

Attendu qu'un sieur Michel Delavault, troisième aïeul de Alexandre-Benjamin Delavault, marchand, époux de Marie Brolleau, a signé M. De Lavault son acte de mariage, seize cent quatre-vingt-neuf, les actes de naissance de son fils, Jean, seize cent quatre-vingt neuf, de Lavault, et de sa fille Marie-Renée, dix sept cent, de Lavault ;

Attendu que le deuxième aïeul, Michel, né en seize cent quatre-vingt-onze, marié en dix-sept cent dix-neuf, sous le nom de de Lavault, est encore inscrit, sous ce nom, dans l'acte de naissance de son fils, Michel-Noël, dix-sept cent vingt, bien qu'il l'ait signé M. Delavault ;

Attendu que les actes de l'état civil concernant la famille Delavault et les auteurs des demandeurs, dix-sept cent vingt et un, dix-sept cent vingt-trois, dix-sept cent vingt-quatre, dix-sept cent vingt-huit, dix-sept cent trente et un, portent, dans le corps des actes, l'orthographe de Lavault ou de Lavau ; qu'à partir de dix-sept cent cinquante-sept, on voit presque sans interruption, dans les actes de l'état civil ou les actes publics, le nom orthographié de la Vault ou de Lavault ;

Attendu que si les signatures, pendant cette période qui s'étend jusqu'à la Révolution, ne portent pas souvent le mot « de » séparé du mot Lavault, les membres de la famille paraissant, alors, attacher peu d'importance à cette disjonction, le nom est presque toujours dans le corps des actes : de Lavault, ce qui démontre la possession publique du nom aujourd'hui revendiqué ;

Attendu qu'en mil huit cent sept, Nicolas-Benjamin André, père et grand-père des demandeurs, figure dans son acte de mariage et dans des actes de naissance et de baptême sous le nom de Lavault, deux de ces actes étant cependant signés Delavault ;

Attendu que ce n'est que depuis cette époque, que le nom de de Lavault a été orthographié en un seul mot ; que ce non-usage ne saurait faire disparaître le droit établi par les actes sus relatés qui, à part un certain nombre de signatures différentes, ont fixé la physionomie du nom tel que le portait dès seize cent soixante et un, l'ancêtre P. de Lavault, marchand, à Niort ;

Par ces motifs, le Tribunal, statuant en matière sommaire et en premier ressort,

Ordonne la rectification :

1° De l'acte de naissance de Alexandre-Benjamin Delavault en date, à Niort, du douze janvier mil huit cent vingt et un ;

2° De l'acte de mariage du même, inscrit, à Sainte-Pezenne, le dix-huit août mil huit cent soixante-deux ;

3° De l'acte de naissance de André-Louis Auguste Delavault, inscrit, à Sainte-Pezenne, le cinq juin mil huit cent soixante-trois ;

En ce sens que le nom sera écrit : *de Lavault*, au lieu de Delavault ;

Dit que mention de cette rectification sera faite en marge desdits actes ;

Ordonne que le jugement sera transcrit sur les registres de l'état civil des naissances de Niort et des naissances et des mariages de Sainte-Pezenne, conformément à la loi ; et que toutes expéditions des actes rectifiés ne pourront être délivrées qu'avec la rectification ordonnée ;

Dit que les frais seront supportés par les demandeurs.

Ainsi jugé et prononcé en l'audience publique du mardi cinq décembre mil huit cent quatre-vingt-treize, à laquelle étaient présents et siégeaient : MM. Geoffrion, Président, Henry et Dupont, juges, en présence de M. Cibiel, substitut de M. le Procureur de la République, et de Chaintiou, commis-greffier.

NOTE DU RÉDACTEUR DU MÉMOIRE.

La transcription des actes de l'état civil ancien de Niort a été faite par M. Belet, chef de bureau à la Mairie.

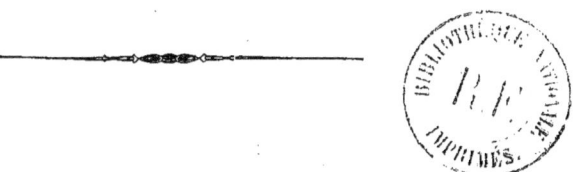

Poitiers. — Typographie Oudin et Cie.

www.ingramcontent.com/pod-product-compliance
Lightning Source LLC
Chambersburg PA
CBHW070545050426
42451CB00013B/3184